Henri Delaborde

Fra Angelico
Da Fiesole

Critique

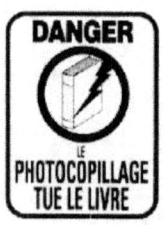 Le code de la propriété intellectuelle du 1er juillet 1992 interdit en effet expressément la photocopie à usage collectif sans autorisation des ayants droit. Or, cette pratique s'est généralisée dans les établissements d'enseignement supérieur, provoquant une baisse brutale des achats de livres et de revues, au point que la possibilité même pour les auteurs de créer des œuvres nouvelles et de les faire éditer correctement est aujourd'hui menacée. En application de la loi du 11 mars 1957, il est interdit de reproduire intégralement ou partiellement le présent ouvrage, sur quelque support que ce soir, sans autorisation de l'Éditeur ou du Centre Français d'Exploitation du Droit de Copie , 20, rue Grands Augustins, 75006 Paris.

ISBN : 978-1985354944

10 9 8 7 6 5 4 3 2 1

Henri Delaborde

Fra Angelico
Da Fiesole

Critique

Table de Matières

Introduction	6
Section I	7
Section II	15
Section III	27

Introduction

Le temps n'est pas fort loin de nous où l'on dédaignait de remonter dans l'étude de l'art italien au-delà du siècle de Jules II et de Léon X, comme si aucune œuvre antérieure n'eût mérité d'être rapprochée des œuvres appartenant à la seconde phase de la renaissance. La régénération de la pointure et du goût à Florence ou à Rome semblait s'être accomplie sous une influence soudaine et par le seul fait de deux ou trois hommes miraculeusement inspirés : messies de l'art en quelque sorte, qui n'avaient pas eu de précurseurs. (Jolie ignorance systématique des premiers développements de la peinture italienne n'est heureusement plus de mise aujourd'hui ; il se produit en Italie même un mouvement curieux, qui aura pour résultat, nous l'espérons, de remettre en pleine lumière tous les points d'une histoire, dont aucune phase n'est à négliger. Lorsque les chefs-d'œuvre du XVIe siècle ne nous apparaîtront plus isolés des essais qui les précédèrent, ils ne perdront rien de leurs droits à une immortelle admiration ; ils auront seulement une signification nouvelle, une origine plus vraisemblable, et peut-être l'intelligence plus complète de ces chefs-d'œuvre ne sera-t-elle pas sans influence sur les destinées de l'art contemporain. Quant à l'histoire de la peinture, elle gagnera certainement à élargir ainsi son horizon. L'ancienne école florentine fera mieux comprendre Raphaël, qui fut l'harmonieux résumé d'une succession déjà longue de découvertes et de progrès. Il ne sera plus permis de méconnaître dans les Donatello et les Verocchio les dignes maîtres de Léonard, et d'oublier ce que le plus indépendant des disciples. Michel-Ange lui-même, dut aux exemples de Luca Signorelli. *Le Jugement dernier* de la cathédrale d'Orviéto annonce et explique en effet la fresque de la chapelle Sixtine, comme certaines parties des *Essais* de Montaigne s'achèvent et prennent leur forme définitive sous la plume toute-puissante de Pascal.

Les grands peintres du XVIe siècle trouvèrent dans les travaux de leurs devanciers mieux que des erreurs à éviter ; ils y trouvèrent aussi des leçons. C'est ce qu'il est permis de dire à présent sans crainte de scandaliser personne. Bien plus : auprès de beaucoup de gens, un pareil aveu ne serait déjà qu'une confession incomplète de la vérité. Dans le domaine des arts comme ailleurs, le propre des réactions est d'aboutir vite à l'exagération de leur principe. Dès qu'on se lui occupé des maîtres Italiens primitifs, on n'accepta plus d'autres modèles, et, par un retour violent de l'opinion, on ne vit plus que les témoignages de la décadence de l'art là où chacun avait admiré les signes éclatants de sa renaissance. En Allemagne, toute une école s'est constituée qui prétend réduire les conditions de la peinture à l'imitation des formes et du style adoptés au moyen âge : noble école d'ailleurs, profondément spiritualiste et dont M. Overbeck est le chef respecté. L'entraînement n'a pas été aussi général en France, ni l'intolérance aussi manifeste. Pourtant, parmi les théoriciens de l'art comme parmi les artistes eux-mêmes, ce système rétrospectifs rencontre bon nombre de partisans : en ce qui concerne la décoration des édifices religieux par exemple, il a maintenant presque force de loi. Enfin, il n'est pas jusqu'à l'école anglaise, ordinairement si immobile dans ses tendances, qui ne se soit émue à son tour et n'ait eu ses *préraphaélites*. Les jeunes peintres qui s'intitulent ainsi ne se contentent pas de répudier le passé, et, — ce qui serait plus légitime encore. — les principes actuels de l'art national : ils nient les progrès faits en Italie après le Pérugin, tandis que des historiens et des critiques célèbrent à l'envi les maîtres dont les *préraphaélites* travaillent à s'assimiler la manière.

Seule, l'école italienne demeurait jusqu'ici en dehors du mouvement, bien qu'elle parut plus intéressée qu'aucune autre à y participer. Aujourd'hui elle y entre, non par des créations originales, mais par d'importants travaux historiques. Florence est le principal théâtre de ces études. C'est à Florence que nous voudrions nous placer pour apprécier, en regard des tentatives de l'école de peinture contemporaine, les recherches nouvelles sur l'art du XVe siècle en nous aidant de la publication qui les résume le mieux.

Section I

Il y a quinze ans, dans cette ville de Florence où les artistes de tous les pays venaient s'informer et se convaincre, personne parmi les artistes nationaux ne songeait à prendre parti ni pour les peintres du moyen âge, ni pour les peintres de la renaissance ;

chacun jugeait suffisant de donner raison à M. Benvenuti, médiocre continuateur de David, transformé en chef d'école ; à M. Bezzuoli, pâle talent dont toute l'originalité consiste dans le mélange du style académique français avec les habitudes de mise en scène du théâtre italien moderne. On applaudissait à *l'Entrée de Chartes VIII* du prétendu maître, sans prendre garde même aux infidélités historiques les plus évidentes, sans s'étonner le moins du monde que M. Bezzuoli eût négligé les monuments de l'époque, qui de toutes parts lui offraient des renseignements ; pour étudier à la Pergola le geste et le costume de ses héros. Dans un autre ordre de sujets, les exemples du passé semblaient plus méconnus encore. À l'exception de M. Marini, dont la manière un peu débile révèle au moins le respect des traditions, les peintres qui avaient à représenter quelque scène religieuse ne cherchaient des leçons ni sur les murs des cloîtres, ni dans les tableaux des galeries : tout se bornait pour eux à l'imitation du modèle vivant, à l'application des principes indigents du classicisme contemporain. La coupole de L'église San-Lorenzo à Florence, décorée par M. Benvenuti, la chapelle peinte à Saola-Croce par M. Sabatelli, montrent en quelles mains était tombé l'héritage des grands maîtres et ce qu'était devenue la peinture religieuse aux lieux mêmes où s'étaient succédé les plus beaux témoignages de sa gloire.

Cette indifférence qu'affichaient les artistes toscans pour leurs nobles aïeux, les historiens de la peinture la partageaient il y a bien peu d'années encore. La plupart des écrits publiés en Italie sont loin d'exprimer une vénération sérieuse pour les travaux de l'école primitive. De rares indications chronologiques, quelques anecdotes d'une authenticité douteuse, voilà les seuls secrets que l'on consentit à livrer sur les origines de la peinture italienne. En revanche, les détails relatifs aux artistes de la décadence abondaient dans ces écrits. Tout restait à dire sur les chefs de l'école : on n'avait su nous parler que de leurs successeurs dégénérés, et comme si ce n'était pas assez des injustices de l'histoire, quelques-uns de ces peintres secondaires, L'Albane et le Guide par exemple, devaient au hasard d'un nom euphonique le privilège d'attirer les hommages traditionnels de la poésie.

Beaucoup de points restaient donc à éclaircir dans cette histoire si compliquée des écoles italiennes, beaucoup d'erreurs subsistaient qu'il était plus que temps de détruire. La lumière commence à se faire, au moins en ce qui concerne les progrès successifs de l'école toscane, de l'autre côté des monts, on semble avoir enfin compris qu'il appartenait aux descendants des maîtres de rechercher les titres de ceux-ci, et, comme pour poser d'abord la question dans des termes formels, une association de graveurs publia, il y a quelques années, à Florence, la série des tableaux conservés à l'Académie des Beaux-Arts. On sait que la collection de l'Académie offre les spécimens de l'art florentin à toutes les époques. Reproduire de telles œuvres, c'était transcrire : les annales mêmes de cet art, c'était aussi résumer en quelques traits l'histoire nationale tout entière, car les grands artistes et le caractère de leurs travaux répondent en Toscane, plus manifestement que partout ailleurs, aux diverses, phases du développement social. L'essor de Cimabue coïncide avec les premiers élans de la civilisation. Expression exacte de la religion et des mœurs contemporaines, les peintures de Giotto respirent une sombre grandeur, et plusieurs générations d'élèves continuent l'austère manière du maître jusqu'à l'époque où l'énergie de la foi disparaît avec la rigueur des institutions politiques. À ce moment l'art se modifie, mais sans se transformer encore complètement. Il a une physionomie plus familière, une allure moins obstinément raide dans les œuvres des peintres nés à la fin du XVIe siècle ; celles de Masaccio introduisent le goût du mouvement et de la vie ; enfin, lorsque le culte de l'antique est devenu une seconde religion de l'état, lorsque l'influence des platoniciens amis de Laurent s'exerce en regard de l'autorité de Savonarole, la correction du style vient rajouter à l'élévation du sentiment. Bien peu après s'ouvre une période nouvelle où les maîtres du XVIe siècle, luttent entre eux de chefs-d'œuvre ; mais, au milieu des bouleversements politiques, l'école est, elle aussi, livrée à l'anarchie. L'unité des tendances ne se retrouve plus dans les créations de Fra Bartolommeo, d'Andréa del Sarto, de Michel-Ange. Elle réparait, — on sait à que] prix, — chez les élèves de ce grand homme, asservis à son joug comme à celui des Médicis. Puis durant cinquante années les murailles des églises et des palais de la Toscane se couvrent de compositions avant tout fastueuses, au style enflé, aux formes excessives : témoignages sans nombre de l'abaissement de l'art, de la corruption des mœurs de la patrie et de l'opulente vanité de ses tyrans. La décadence de la peinture suit d'un pas égal la décadence nationale, et lorsque, sous les derniers Médicis, Florence énervée s'endort dans la sensualité, l'art achève de se matérialiser et tombe par l'abus du procédé dans l'extravagance, l'opprobre et la mort.

S'il suffit d'examiner les planches gravées d'après les tableaux de l'Académie pour concevoir une idée générale de la marche de l'école florentine, on ne saurait néanmoins trouver dans ce recueil tous les éléments nécessaires à l'étude approfondie de chaque époque. Les notices qui accompagnent les estampes ne contiennent que des indications succinctes, des aperçus dépourvus parfois de justesse et le plus souvent de nouveauté, et ce qui a trait en particulier aux peintres primitifs n'est pas de nature à relever beaucoup leur mérite. N'importe : la voie était ouverte et l'attention rappelée en Italie sur des œuvres si longtemps, si injustement négligées. Une critique plus sagace et des investigations plus patientes allaient achever de mettre en relief ce que l'on venait de dévoiler à demi. Encore quelques efforts, et les vrais promoteurs de la renaissance rentraient en possession de leur gloire. Parmi ces illustres oubliés, fra Angelico da Fiesole méritait d'être rendu l'un des premiers sans doute à l'admiration et au respect. Jamais artiste ne se révéla dans des ouvrages plus sincères, et peut-être aucun des grands maîtres ne se montre-t-il aussi ingénument spiritualiste, aussi profondément convaincu. Comment ce talent si pur a-t-il pu être méconnu pendant tant d'années ! comment le souvenir d'une pareille vie se réduisait-il, même à Florence, au souvenir de quelques faits sans vraisemblance ou sans valeur, et n'a-t-on pas le droit de s'étonner qu'un des hommes qui honorent le plus l'art italien ait attendu jusqu'à ce jour le tribut payé de tout temps en Italie à des artistes médiocres ? Quoi qu'il en soit, des mains pieuses ont enfin recueilli les matériaux d'une biographie complète de fra Angelico. Dans le monastère où avait vécu celui-ci et que les chefs-d'œuvre de son pinceau ornent encore, un autre fils de saint Dominique a étudié sous sa double physionomie cette chaste figure. En publiant ses *Mémoires sur les artistes dominicains* et bien peu après *le Couvent de San-Marco*, le père Marchese vengeait d'une longue indifférence la mémoire d'un saint religieux de son ordre et restituait sa place à l'un des chefs de l'école toscane.

Quoi de plus juste et de plus opportun ? Remettre sous les yeux des artistes florentins les créations admirables de fra Angelico, et proposer en exemple à des hommes volontiers au repos une vie si bien remplie et si féconde, c'était, en ressuscitant le passé, travailler utilement à réformer le présent. C'était faire implicitement le procès aux habitudes actuelles de l'école, c'était aussi, pour le père Marchese, renouer dignement les nobles et laborieuses traditions des anciens cloîtres ; car dans les couvents de l'Italie aussi bien que dans les ateliers, une sorte de langueur intellectuelle avait succédé depuis longtemps à cette prodigieuse activité qui influença si puissamment la vieille civilisation italienne. La publication des ouvrages du père Marchese est donc un fait notable. C'est une louable tentative pour remettre en communication intime l'esprit du cloître et l'esprit séculier. Peut-être gagneront-ils beaucoup l'un et l'autre à s'associer plus étroitement et à se confondre dans un même mouvement de retour vers le passé. En tout cas, et quel que puisse être le succès des efforts de l'auteur des *Mémoires sur les artistes dominicains* et de *San-Marco*, — efforts très peu encouragés, dit-on, à Florence, et qui auraient eu pour l'écrivain des conséquences au moins imprévues, — une lacune considérable dans les annales de l'art florentin a été comblée, la vie d'un grand peintre a été retracée avec un soin consciencieux, et lors même que les travaux du père Marchese demeureraient sans action sur l'avenir de l'école toscane, ils auront servi du moins à rajeunir ou à confirmer sa vieille gloire. Pour que nous puissions à notre tour apprécier l'importance du rôle de fra Angelico dans l'histoire de cette école, il est nécessaire de jeter un coup d'œil sur les commencements de la peinture à Florence et sur les travaux accomplis par les prédécesseurs immédiats du maître.

Après la première impulsion donnée à l'art par Cimabue et si puissamment continuée par Giotto, les productions des peintres florentins présentèrent longtemps un aspect à peu près uniforme, comme si les élèves des deux maîtres et leurs propres disciples avaient jugé tout progrès désormais impossible. L'un de ces artistes, et le seul de l'époque qui ait écrit sur la peinture, Cennino Cennini, nous a laissé un traité qu'il n'a composé, dit-il, au terme de sa vie, que pour initier quiconque veut devenir peintre aux découvertes de Giotto, découvertes léguées par celui-ci à Taddeo Gaddi, qui à son tour en confia le secret à Agnolo, maître de Cennini, Ce sont donc les enseignements mêmes de Giotto que, près d'un siècle après la mort du chef de l'école, Cennini propose à une quatrième génération d'élèves. À ses yeux, toute réforme tentée dans l'art ne serait guère moins blâmable qu'une hérésie religieuse, et, n'admettant pas qu'il y ait chance de salut pour un artiste en dehors des principes actuellement établis, il met fin à son livre en priant « Dieu, la sainte Vierge et l'évangéliste saint Luc, premier peintre chrétien, de permettre à ceux qui liront ce traité de l'étudier avec fruit et d'en retenir à jamais les préceptes. »

Cependant les disciples de Giotto n'avaient pas tous, malgré leurs scrupules et leur foi dans l'infaillibilité du maître, imité les formes de son style sans quelque modification involontaire. Une sorte de variété s'était parfois introduite dans l'unité des œuvres de l'école. À côté des peintures de Simone Memmi, de Taddeo Gaddi, peintures exécutées, il est vrai, sous le regard même de Giotto, celles de Puccio Capanna, de Stefano Fiorentino et de quelques autres laissent voir les indices d'une certaine émancipation ; mais nulle part ces écarts de la règle commune ne dégénèrent en insubordination formelle : jamais, chez les membres de l'austère famille des *Giotteschi*, — pour nous servir de l'expression consacrée en Italie, — l'oubli des dogmes fondamentaux n'aboutit directement au schisme. Seul entre tous, Andréa Orgagna poussa presque jusqu'à la révolte ses tentatives d'indépendance, et se sépara de ses contemporains par l'originalité de sa manière. Tandis que ceux-ci figuraient des saints dans un ordre et des attitudes invariables, ou qu'ils traitaient suivant les données de composition traditionnelles des sujets tirés des livres sacrés, il osa concevoir à un point de vue nouveau et philosophique l'enseignement de la religion par la peinture. Son *Triomphe de la Mort*, au Campo-Santo de Pise, n'offre en effet ni le tableau des scènes du Calvaire, ni les types ordinaires des apôtres de la foi. Dans cette allégorie étrange, on vit pour la première fois les passions, les misères et les vertus humaines exprimées par des personnages pour la plupart sans nom historique, sans consécration de sainteté : œuvre à la fois admirable et repoussante, où le goût pour les réalités les plus effroyables se mêle à des aspirations sublimes, où rayonnent l'idéal et la poésie, où l'horrible, l'immonde même, n'a pas de voiles. Rien n'arrête l'audace de cet âpre pinceau. Il use de tous les contrastes. Il veut tout définir et tout peindre, depuis la farouche énergie du désespoir, dans un groupe de misérables implorant la Mort, qui se détourne d'eux, jusqu'aux voluptés de la vie chez de jeunes seigneurs dont les visages riants vont blêmir sous la faux. Ici, quelques cavaliers, que les hasards de la chasse ont conduits dans un coin de forêt où gisent des cadavres rongés par de hideux reptiles, contemplent d'un œil épouvanté ce spectacle de la décomposition à ses degrés divers, et songent en frissonnant à ce qui adviendra d'eux-mêmes. Là, des religieux et des ermites attendent dans la piété de leurs méditations, et les regards tournés vers le ciel, que l'heure soit arrivée où ils appartiendront à la Mort. Enfin, au-dessus de ces scènes terrestres, des anges transportent les âmes devant le juge qui décidera du sort de leur éternité. Dans le *Triomphe de la Mort*, comme dans ses autres ouvrages, Orgagna ne se montre pas seulement novateur par la pensée ; l'ampleur inusitée de sa touche et la souplesse de son style attestent aussi des progrès d'un autre ordre, et assignent à ce hardi talent une place à part parmi les héritiers de Giotto ; mais comme Organa n'eut pas d'imitateurs, il ne fit que discontinuer momentanément les traditions et la manière vénérées. La chaîne se renoue bientôt aux mains d'Agnolo Gaddit et du Giottino, à qui le respect du nom de son aïeul et le souvenir di son maître imposaient comme un devoir le strict maintien des doctrines primitives.

Ainsi, jusqu'à la fin du XIVe siècle, les peintres florentins semblent tous animés du même esprit et dévoués à la même cause. L'expression de ce dévouement varie seule et rarement, suivant les inclinations particulières ; mais ce qu'on veut toujours avec une même passion, c'est suivre la voie tracée d'abord par les réformateurs, et afin de la défendre contre tout envahissement, maîtres et élèves s'associent dans un long et ardent effort. Si, pour déterminer le caractère d'une pareille entreprise, il était permis de réunir deux groupes d'hommes séparés par la différence des âges et des travaux, mais rapprochés du moins par leurs convictions énergiques, nous oserions comparer ces artistes de foi profonde aux jansénistes français du XVIIe siècle, et voir dans la vieille école florentine une sorte de Port-Royal de la peinture italienne. Rigide fondateur de la secte, Cimabue n'en est-il pas à quelques égards le Saint-Cyran ? Par l'importance de son rôle et son attitude de chef, Sotto mérite, comme Arnauld, d'être reconnu grand entre les

Section I

hommes d'élite qui l'entourent. L'élan d'Orgagna, et ce qu'il garde d'irrégulier et de personnel sous la discipline, ont quelque analogie avec l'emportement de piété et la soumission fougueuse d'Antoine Lemaistre. Enfin, parmi les personnages secondaires, il n'est pas jusqu'au modeste Fontaine dont on ne puisse retrouver le type dans Cennino Cennini. Par un sentiment de vénération pour la gloire de ceux qui furent leurs maîtres, ces deux humbles disciples ne songent, en prenant la plume, qu'à propager les enseignements qu'ils ont reçus, et si, en écrivant ses *Mémoires*, Fontaine s'attendrit au souvenir des vertus et des talents d'Arnauld et de Sacy, il y a aussi quelque chose de touchant dans le respect avec lequel Cennini dédie son livre « à la mémoire de Giotto, le meilleur peintre qui fut jamais, — à celle de Taddeo, qui eut l'honneur d'être son filleul et son élève, — à la mémoire d'Agnolo de Florence, digne des leçons de ces grands artistes. »

À l'époque où Cennini s'efforçait ainsi de conserver intact le dépôt qui lui avait été confié, quelques jeunes peintres essayaient de se créer d'autres règles, ou plutôt ils n'acceptaient les règles anciennes qu'à condition d'en assouplir et d'en développer le sens. Dans les travaux de ces nouveaux maîtres, l'art religieux n'avait plus pour élément unique la majesté des intentions et du style, quelque chose de tendre et d'ému commençait à se substituer à l'austérité inflexible des *Giotteschi*, et sans perdre leur élévation accoutumée, les productions de l'école florentine respiraient une sorte de grâce sévère et une délicate simplicité. Au commencement du XVe siècle, le progrès était manifeste dans tous les arts. Déjà, sous le ciseau de Ghiberti et de Donatello, naissaient quelques-uns des chefs-d'œuvre qui ont immortalisé le sculpteur des portes du Baptistère et le sculpteur du *Zuccone* et de *Saint-George*. Brunnelleschi, étudiant à Rome le monuments antiques, préparait avec une application opiniâtre la régénération de l'architecture, et trouvait dans l'entêtement de son génie le secret de complétée l'entreprise d'Arnolfo di Lapo, entreprise dont l'achèvement avait été jugée impossible, et que couronna pourtant le dôme prodigieux de la cathédrale de Florence. Masolino da Panicale peignait dans l'église del Carmine ces fresques que l'on admire encore même à côté des fresques de Masaccio et de Filippino Lippi. Peintre bizarre, mais profondément savant, Paolo Ucello, en exécutant ses tableaux monochromes, enrichissait l'art d'une découverte nouvelle et précisait les règles de la perspective, tandis que le moine camaldile Lorenzo cherchait au fond de son couvent de Santa-Maria-degli-Angeli à ajouter les finesses du coloris à la fermeté du dessin.

Cependant les œuvres d'un autre religieux commençaient à émouvoir Florence plus qu'aucune de celles qui s'étaient produites à cette époque. Le suave talent de fra Angelico venait de se révéler dans des morceaux empreints d'un sentiment pathétique tout nouveau, d'une incomparable délicatesse : au moment où s'ouvrait pour l'art florentin une seconde ère de progrès et d'éclat, le nom d'aucun peintre ne semblait promis à la gloire plus sûrement que celui du jeune dominicain. C'est, qu'en effet ce nom résume et personnifie mieux que tout autre les tendances et le mouvement de l'école après les derniers efforts de résistance des *Giotteschi*, avant les premiers succès de la révolution encouragée par les Médicis. Tel est le rôle du maître dont le père Marchese nous a raconté les travaux. Nous connaissons maintenant le milieu où s'est produit fra Angelico : c'est sa vie même qu'il faut interroger.

Section II

Fra Angelico da Fiesole, ou plutôt Giovanni Guido, était né en 1387 à Vicchio, petit village du Mugello, situé à vingt milles de Florence et voisin du hameau où Giotto avait vu le jour cent onze ans auparavant.[1]

Le père de Giovanni était laboureur, et peut-être, comme le berger de Vespignano, l'enfant de Vicchio se livra-t-il d'abord à quelques

---

1 Les rares biographes de fra Angelico, et Vasari entre autres, se méprenant sur le sens de l'addition à son nom de ces deux mots *da Fiesole*, y ont vu une indication suffisante du lieu de naissance du peintre. Le père Marchese fait justice de cette erreur en publiant pour la première fois une pièce tirée des chroniques manuscrites du couvent de San Domenico à Fiesole, couvent où Giovanni reçut l'habit et où il passa une grande partie de sa vie. Cette pièce porte expressément, avec la date de la vêture : *Iohannes, Pétri de Mugello, natus iuxtà Vicchium*, etc. Les mots *da Fiesole* ne doivent donc rappeler que le long séjour fait par l'artiste dans le monastère construit au pied de la ville. Quant au surnom d'*Angelico*, qui caractérise à la fois le génie et les vertus de fra Giovanni, « il lui fut imposé, dit le père Marchese, par la vénération des peuples. » Reste à savoir s'il faut entendre ici par « peuples » les contemporains ou la postérité.

obscurs essais d'imitation, tandis que paissaient les chèvres confiées à sa garde. Qui fut pour lui un autre Cimabue ? C'est ce qu'on ignore et ce qu'il est même impossible de conjecturer ; mais ne serait-on pas autorisé à dire que l'aspect du pays où s'écoula l'enfance des deux grands peintres eut sur le caractère de leur talent une action positive, bien que d'espèce fort dissemblable ? Les lignes robustes, reflet imposant des montagnes du Mugello, auront laissé dans l'âme de Giotto, accessible surtout au sentiment de la majesté divine, des images éternelles de grandeur et de force, tandis que, plus portée à adorer Dieu dans sa mansuétude qu'à l'envisager dans sa colère, l'imagination de Giovanni s'est pénétrée de la poésie plus douce que respire aussi cette nature. Dans ces belles vallées de l'Apennin qu'habitent à la fois les aigles et les cygnes, où l'un n'avait contemplé que cimes altières et vastes solitudes, l'autre devait se plaire aux lieux fleuris et abrités ; mais, diversement sollicités par l'idéal, tous deux reçurent au sein de la même contrée des impressions qui ne s'effacèrent plus.

Cette influence des souvenirs est surtout sensible dans les ouvrages que Giovanni produisit à Florence au commencement de sa carrière. Ce fut en ornant de miniatures des livres de chœur et des missels, qu'il annonça d'abord l'onction de sa pensée, et la finesse exquise de son talent. On sait l'extension qu'avait prise en Italie, antérieurement au XVe siècle, l'art de la peinture sur vélin, art d'origine allemande, dit-on, ou peut-être française, comme celui de la peinture sur verre. Les Oderigi da Gubbio, les Franco Bolognese, dont parle Dante, s'y étaient autrefois distingués, et depuis lors nombre de grands maîtres ne l'avaient pas jugé indigne des prémices ou de la maturité de leur génie. Plus qu'aucun autre, Giovanni devait être séduit par un genre de travail qui lui laissait toute liberté pour retracer les objets aimés de ses premiers regards, les oiseaux, les insectes diaprés, les arbrisseaux et les fleurs, hôtes ou parure de la contrée natale. Aussi les pages qu'a embellies sa main offrent-elles un mélange singulier de naïveté et de puissance, un témoignage également expressif des goûts ingénus de l'enfance et des aspirations déjà sublimes de la virilité. Des scènes de la Passion, des figures de saints, traitées avec une véritable grandeur, ont pour cadre des guirlandes le long desquelles se jouent des chardonnerets, des lézards, des papillons ; des plantes délicates fleurissent au pied de la croix ou autour du sépulcre. On dirait que par l'alliance de ces moyens sans corrélation apparente, l'artiste a voulu faire un double appel à la dévotion des hommes, et qu'en regard des souffrances auxquelles un Dieu se condamna pour nous, il a jugé bon de montrer les joies pures et les richesses innocentes qu'il nous donne.

Après ces doux essais, qui reflètent à la fois les premières lueurs de son imagination et les instincts de sa piété, Giovanni osa entreprendre des travaux plus considérables, bien que d'une dimension assez restreinte encore, et il peignit pour les autels de plusieurs églises des dyptiques, des tabernacles, dont on conserve quelques fragments à Florence et dans d'autres villes de la Toscane. Sa réputation s'étendit rapidement, et si à cette époque il avait recherché avant tout l'éclat des succès et la fortune, « il lui était facile, dit Vasari, de vivre dans une situation brillante et de gagner ce qu'il aurait voulu ; » mais, soit que la pratique de l'art tel qu'il le comprenait lui parut incompatible avec la vie dans le monde, soit que quelque mystérieuse douleur l'eût surpris au début de cette vie même, il se réfugia à vingt ans dans un cloître, et reçut en 1407 l'habit de dominicain.

Peut-être a-t-on lieu de s'étonner que Giovanni ait choisi pour entrer en religion la règle de saint Dominique, puisque les hommes soumis à cette règle devaient, dans la pensée du fondateur, se consacrer spécialement à la prédication. Il est permis de dire toutefois que lui aussi travaillait à évangéliser les peuples dans le langage qui lui était propre, et que, par la portée de ses œuvres, il justifiait son titre de *prêcheur* aussi bien que le plus éloquent de ses frères. Nombre d'artistes d'ailleurs avaient précédé Giovanni dans l'ordre des dominicains, et à Florence même fra Sisto et Fra Ristoro, les savants constructeurs de Santa-Maria-Novella, avaient dès le XIIIe siècle donné un exemple qu'allaient suivre dans les siècles à venir tant de peintres, d'architectes et de sculpteurs. Les *Mémoires* du père Marchese, en recueillant ces noms inégalement célèbres, prouvent qu'à toutes les époques et dans tous les pays les artistes de profession rencontrèrent parmi les fils de saint Dominique des maîtres, des rivaux ou des élèves. Depuis fra Bartolommeo, dont les conseils achevèrent de former Raphaël, jusqu'au français Guillaume de Marcillat, l'un des plus habiles peintres-verriers de son temps ; depuis l'architecte fra Giocondo, qui poursuivit la construction de Saint-Pierre de Rome, jusqu'au Flamand frère François, qui termina le Pont-Royal à Paris, bien des talents se développèrent dans des asiles pareils à celui que Giovanni s'était choisi.

Le nouveau dominicain et son frère aîné Benedetto, qui avait comme lui renoncé au monde,[1] furent d'abord envoyés à Corinne, d'où ils devinrent au bout d'une année habiter le monastère de San-Domenico, bâti depuis peu au pied de la colline de Fiesole. Saint Antonin y avait précédé fra Giovanni, et ce fut dans cette retraite que les deux jeunes gens, honneur futur de l'épiscopat et de l'art florentins, se lièrent d'une amitié qui dura autant que leur vie. Pendant son premier séjour à San-Domenico, fra Angelico da Fiesole, — non ? le nommerons dorénavant ainsi. — peignit pour l'église du couvent plusieurs tableaux, dont l'un, représentant la Vierge entourée de saints dominicains, se voit encore aujourd'hui dans le chœur. Œuvre de la jeunesse du maître, cette peinture est, sous le rapport du dessin et de la couleur, inférieure sans doute à celles qu'il exécuta plus tard ; néanmoins le sentiment exquis qui caractérise l'ensemble de sa manière, se révèle déjà ici sans effort, sans nulle hésitation. En général, les tableaux de Fra Angelico n'ont pas tous le même mérite, à ne considérer que le travail matériel ; mais comme ils émanent d'une inspiration toujours égale, ils n'offrent entre eux d'autre différence que cette qui résulte de l'expérience plus ou moins grande des ressources de la palette. Dès ses premiers essais, l'artiste avait trouvé le style qui convenait le mieux à l'expression de sa pensée. Il ne fit ensuite qu'apurer les formes de ce style, et fort contrairement à Raphaël, à Andréa del Sarto, à d'autres grands maîtres qui prirent à tâche de se démentir eux-mêmes et de renier leur foi primitive, il demeura, dans tout le cours de sa vie, invariablement fidèle aux mêmes principes, au même idéal, à la même méthode d'exécution. Aussi est-il difficile, à cause de cette uniformité même, d'assigner aux divers tableaux de fra Angelico une date certaine : on ne peut qu'essayer de la fixer

---

[1] Ce Benedetto fut un miniaturiste distingué, si l'en en juge par quelques ouvrages qui lui sont attribués, et que possède le couvent de San-Marco à Florence. Il parait qu'en outre il excella dans la calligraphie. « Fra Benedetto était plus habile qu'aucun autre à écrire des livres de chœur notés pour le chant, » dit la chronique de San-Domenico de Fiesole.

en subordonnant l'ordre des travaux du peintre à celui de ses déplacements successifs. Qu'importe après tout la solution de ces questions chronologiques ? Quand il resterait démontré que les tableaux qui ornent aujourd'hui les églises de Pérouse et de Cortone ont été peints de 1410 à 1418, parce que, durant cette période, les dominicains de Fiesole, expulsés du territoire de la république, trouvèrent dans ces deux villes un asile contre la persécution ; quand, d'autre part, on réussirait à prouver que le *Couronnement de la Vierge*, placé au musée du Louvre, est, ainsi que la plupart des œuvres capitales du maître, d'une date postérieure à celle de son retour à Fiesole, nous ne voyons guère ce que le succès de pareilles recherches ajouterait à la gloire de fra Angelico. Les *Mémoires* du père Marchese témoignent à cet égard d'un excès de scrupule, et si opportun que parût être au point de vue historique un classement méthodique des travaux successivement accomplis, il eût été plus à propos encore de déterminer leur physionomie générale et d'insister sur leurs beautés. Il semble que le père Marchese ait voulu avant tout retrouver et produire des titres, et rappeler aux peintres contemporains les principes de l'art par des faits plutôt que par des leçons d'esthétique. Un conseil donné sous cette forme réservée à des esprits indifférents ou prévenus perd en partie son autorité, et court risque de n'être compris qu'à demi. Le talent de fra Angelico, tout intelligible qu'il est, a au premier abord un caractère de vétusté qui peut amener quelque méprise, et le mieux eût été d'expliquer ce talent, au lieu de le proposer presque sans commentaires en exemple.

Lorsqu'on examine attentivement les Œuvres de fra Angelico, on reconnaît dons toutes, à quelque moment qu'elles aient été produites, une extrême simplicité de procédé, une virginité de touche et d'expression qui atteste la merveilleuse délicatesse du pinceau, en un mot un goût d'exécution si sobre, que cette exécution même a quelque chose d'immatériel. Peintre spiritualiste par excellence, fra Angelico, en traçant chacune de ses figures, cherchait moins à représenter les formes palpables d'un corps qu'à faire pressentir une âme sous une enveloppe transparente pour ainsi dire, et le dessin et le coloris, au moyen desquels il a traduit sa pensée, offrent non limitation exacte, mais l'image des couleurs et du dessin réels. Aussi les sujets qu'il traite de préférence appartiennent-ils à un ordre surnaturel, à une sphère de sentiments au-dessus du l'œil humain et de la vie : le *Couronnement de la Vierge* par exemple. — scène céleste qu'il a peinte vingt fois peut-être en variant sans cesse l'aspect et les détails, et le *Jugement dernier*, où la place qu'il réserve à l'expression de la béatitude est toujours beaucoup plus grande que la place laissée à l'esquisse des châtiments. En faisant ainsi deux parts inégales, l'artiste mesurait bien ses forces, et se montrait docile aux inclinations de sa piété. Cette imagination aimante se refusait aux conceptions terribles ; ce regard, constamment tourné vers le ciel, ne pouvait s'abaisser sur les hôtes de l'enfer sans se souvenir encore des visions angéliques, et si effrayants qu'ils veuillent paraître, si monstrueuses que soient leurs formes, les démons de fra Angelico gardant je ne sais quelle physionomie placide que les damnés à leur tour ne peuvent dépouiller au milieu des flammes. Mais que l'on jette les yeux sur les autres parties du tableau : tout émeut le cœur et ravit l'intelligence, tout est grâce, poésie, amour. Michel-Ange le disait, et certes on ne soupçonnera pas chez lui la partialité d'un disciple : » Il faut que ce bon moine ait visité le paradis, et qu'il lui ait été permis d'y choisir ses modèles. » Comment en effet expliquer par l'étude de la réalité ces créations si déliées et si pures, et ne croirait-on pas que ces types éthérés ont été révélés à l'extase ? Quelle autre origine attribuer, par exemple, au *Jugement dernier* que possède aujourd'hui l'Académie des Beaux-Arts à Florence, œuvre incomparable, plus digne qu'aucun tableau de l'époque d'être reproduite par le burin, et que cependant les graveurs de la *Galerie de l'Académie* ont cru pouvoir exclure de leur publication ?

Bien que les tableaux de fra Angelico aient avant tout un caractère de beauté abstraite et une apparence presque immatérielle, les conditions positives de l'art ne laissent pas d'y être soigneusement observées. Les lignes générales peu exactes il est vrai quant aux proportions relatives des groupes, attestent dans la partie architecturale une connaissance profonde de la perspective, et ce mérite, fort ordinaire aujourd'hui, était assez rare encore au XVe siècle pour que l'on sache gré à l'artiste de l'avoir eu l'un des premiers. Le coloris, plus harmonieux en général que le coloris des peintres de l'époque, a aussi plus de vérité et de délicatesse, et si le dessin manque d'ampleur, il est, dans les draperies surtout, d'une finesse et d'une précision inimitables. Je me trompe : on réussira peut-être à s'assimiler ce goût de dessin, et depuis quelques années plus d'une tentative, en ce genre s'est accomplie non sans succès ; mais en imitant ainsi fra Angelico, qu'aura-t-on fait de plus que de copier les surfaces de sa manière ? Se sera-t-on pour cela approprié le fonds même, le sentiment dont cette manière, n'est que l'expression naïve ? et parce qu'on aura ajusté des figures conformément aux exemples du maître, devra-t-on se tenir pour inspiré comme lui ? N'accusons pas toutefois trop sévèrement ce zèle d'imitation ; dans quelques cas, il est autorisé pour le moins par la perfection absolue de certains types et par l'impuissance où l'on est de trouver ailleurs des modèles. Ainsi le moyen de représenter des anges sans adopter comme une tradition authentique en quelque sorte la tradition de fra Angelico ? Fra Angelico est le peintre des anges comme Raphaël est le peintre des vierges. Tout artiste qui prétendra dénaturer les formes déterminées par les deux maîtres court risque d'ôter à son œuvre sa signification essentielle, et de nous montrer seulement de beaux jeunes gens ailés ou une chaste jeune fille là où nous aurions voulu reconnaître les esprits bienheureux et la Madone.

Le *Jugement dernier* et les autres tableaux que le pieux artiste peignit probablement pendant son séjour à Fiesole ne sauraient, quelle que soit leur perfection, donner une idée complète de ce talent et en accuser toute la portée. Fra Angelico, nous l'avons dit, n'eut qu'une méthode et demeura jusqu'à la fin de sa vie fidèle aux convictions de sa jeunesse ; mais dans l'exécution de peintures murales, cette méthode devait se modifier quelque peu en raison même des lois du travail, et les fresques du maître, tout en rappelant ses œuvres précédentes pour le fond des intentions et le style, sont touchées d'une main plus énergique et avec une sûreté de pratique plus évidente. Cette seconde phase du talent de fra Angelico date du moment où celui-ci vint avec ses frères s'installer à Florence.

Vers la fin de 1436, les dominicains de Fiesole avaient une seconde fois quitté leur couvent, mais non plus comme au commencement du siècle pour l'exil et la persécution ; ils allaient prendre possession de la vaste demeure que leur offrait la libéralité intéressée de Côme de Médicis, jaloux d'enchaîner par la reconnaissance des hommes dont l'ascendant eût pu être funeste au succès de sa politique. Côme avait dans ce dessein sollicité et obtenu du pape Eugène IV la permission de donner aux religieux de Fiesole les terrains de San-Marco, où se trouvait déjà un monastère que l'un des plus célèbres architectes de l'époque, Michelozzo Michelozzi, eut ordre de réédifier. Certes, en construisant, à grands frais cette retraite qu'il croyait ne peupler que d'amis, le *père de la patrie* ne se doutait pas qu'il préparait un asile, au plus redoutable ennemi de sa famille, au *terrible frate* à la voix duquel le peuple devait un jour chasser les Médicis. Cependant il n'y avait pas encore de Savonarole parmi les dominicains ; personne ne devinait les projets de Côme, cachés sous sa munificence, et l'on ne voyait en lui qu'un protecteur zélé, un bienfaiteur de ses concitoyens. Conduits par saint Antonin, alors prieur, les religieux de Fiesole vinrent donc s'établir au couvent de San-Marco, et l'édifice n'était pas complètement terminé, que fra Angelico entreprenait la série des fresques qui le décorent : travail immense et qui cependant fut mené à fin en quelques années, sans le secours d'aucun aide et sans faire obstacle à l'achèvement d'un nombre considérable d'autres peintures.

Les talents et la fécondité prodigieuse de fra Angelico l'avaient depuis longtemps déjà rendu célèbre, mais les fresques[1] de San-Marco mirent le sceau à sa réputation. Les tableaux de lui qu'on avait vus jusque-là étaient en général d'une dimension restreinte, et la proportion des figures n'y dépassait pas d'ordinaire un pied ou deux ; il ne s'était pas encore essayé dans la peinture murale, si ce n'est en de fort rares occasions, à Cortone et à Fiesole. Néanmoins, en traçant sur les murs de son couvent des figures d'une proportion tantôt presque égale, tantôt supérieure à celle du corps humain, en usant à peu près pour la première fois de moyens matériels qui nécessitent un assez long apprentissage, il prouva avec éclat que cette tâche nouvelle n'avait ni déconcerté sa pensée, ni intimidé son pinceau. La plupart des cellules de San-Marco, les dessus de porte du premier cloître et jusqu'à des corridors obscurs sont or-

1 Nous employons ce mot faute d'autre, dans le sens de peinture sur mur et non dans son sens littéral. On sait que la fresque est un genre de peinture exécutée sur un enduit frais, a buon fresco. La plupart des ouvrages de fra Angelico à San-Marco étant peints en partie ou retouchés a tempera, — sorte de gouache sur un fond sec, — ne sont pas, à proprement parler, des fresques. Il est permis cependant de les qualifier ainsi en s'autorisant de l'usage : usage général même en Italie, et auquel se sont presque toujours conformés en pareil cas les historiens de fait, depuis Vasari jusqu'au père Marchese.

nés de compositions variées à l'infini, bien que les mêmes sujets les aient le plus souvent inspirées. *Le Crucifiement, l'Annonciation, le Couronnement de la Vierge*, — ce sujet aimé entre tous, — telles sont les données que choisit ordinairement fra Angelico et qu'il rajeunit avec une incroyable abondance d'idées et de sentiments ; mais de toutes ces fresques la plus importante, si ce n'est la plus belle, est celle qui couvre une des parois de la salle du chapitre, et qui représente le supplice et la mort du Christ.

Au pied de la croix se groupent en première ligne les saints personnages témoins, selon l'Évangile, de l'agonie du Sauveur, puis les fondateurs d'ordres religieux et une multitude de saints de tous les temps et de tous les pays que, par un sentiment de vénération qui justifie l'anachronisme, fra Angelico a réunis sur le Calvaire. Tous les regards sont tournés vers le Christ, tous les visages expriment la douleur et la foi ; mais cette expression de la ferveur et de la désolation communes se modifie suivant le caractère ou le génie de chacun. Violente sur les traits de saint Jérôme, elle semble méditative sur ceux de saint Thomas d'Aquin ; saint Augustin écrit d'une main passionnée, sous ce sang qui l'enseigne, à côté de saint François adorant en extase les plaies divines dont il porta les marques. Graves et recueillis, des docteurs de l'église étudient le mystère qu'il leur appartiendra d'expliquer, tandis que baignés de larmes ardentes, saint Romuald, saint Gualbert et d'autres anachorètes vouent à la pénitence leur vie d'abord profane et dissipée. Ne croirait-on pas, à voir ce tableau si profondément pathétique des scènes suprêmes de la Passion, que fra Angelico a épuisé là toutes les ressources de son imagination, et qu'il ne lui restera plus qu'à se copier lui-même, lorsqu'il entreprendra encore une fois de traiter un pareil sujet ? Rapprochez cependant du *Calvaire* de San-Marco *la Déposition de Croix*, aujourd'hui dans la galerie de l'Académie, et, sauf l'analogie du style, vous ne reconnaîtrez rien de ce qui a frappé vos yeux, pas une figure, pas un geste qui n'ait un accent imprévu, une intention entièrement neuve. Dans les deux compositions, fra Angelico n'avait à représenter que des disciples en pleurs autour du cadavre de leur maître : de ce principe uniforme il a su tirer les effets les plus dissemblables, également justes pourtant et si hautement significatifs, qu'envisagée isolément, chacune de ces interprétations parait la seule possible et la seule vraie.

Section II

À l'époque où fra Angelico venait de terminer les vastes travaux de San-Marco, la chapelle peinte par Masaccio dans l'église del Carminé fut ouverte au public : événement immense dans l'histoire de l'art florentin et qui produisit tout d'abord une sensation si profonde, que les fresques de l'artiste dominicain furent délaissées par ceux-là mêmes qu'elles avaient le plus enthousiasmés. Chacun proclamait la supériorité de l'œuvre nouvelle ; cette célébrité naissante devait éclipser toutes les autres, et l'admiration dégénérant bientôt en engouement : on aurait volontiers déshérité de leur gloire les grands peintres, quels qu'ils fussent, prédécesseurs ou contemporains de Masaccio. Loin de se plaindre des succès de son rival et d'accuser l'inconstance ou l'injustice de l'opinion, fra Angelico exprima l'un des premiers et aussi hautement qu'aucun autre son admiration pour ces chefs-d'œuvre. Il fit plus : illustre depuis longtemps et beaucoup plus âgé que l'auteur des fresques del Carmine, il se mêla aux jeunes artistes qui allaient en foule les étudier, et, comme le plus obscur d'entre eux, il travailla dans cette chapelle où tant de générations de peintres devaient se succéder après lui. Touchant désintéressement du génie, noble exemple de soumission au progrès, qui du reste n'est pas unique dans les annales de la peinture italienne ! Ainsi, dans le siècle suivant, Garofolo quitte l'école dont il était un des chefs à Ferrare pour se faire l'élève à son tour, et vient, âgé de cinquante ans, demander des leçons au jeune Raphaël.

Un tel acte de modestie était d'ailleurs, chez fra Angelico, conforme aux habitudes de toute sa vie. Malgré la réputation qu'il avait acquise, malgré l'affectueuse estime de Côme, qui s'était réservé à San-Marco une cellule où il venait souvent s'entretenir avec lui, il demeurait le plus humble religieux de son couvent. S'adressait-on à lui pour obtenir la promesse de quelque travail, il en référait au prieur, sans la permission duquel il ne commençait jamais rien. Indifférent à la célébrité personnelle et ne voulant que concourir par ses talents au développement de la loi, il ne signait aucun de ses tableaux : peu lui importait que l'œuvre fût louée, pourvu que l'émotion qui l'avait fait naître se communiquât au spectateur. Aussi comme le procédé disparaît dans ces productions de l'âme ! comme on y sent avant tout la prière et pour ainsi dire les tremblements de la ferveur. Il est de tradition à San-Marco que fra Angelico s'agenouillait pour peindre les figures du Christ et de la Vierge, et que, s'absorbant dans une contemplation idéale, il entrevoyait à travers ses larmes le type que retraçait sa main. Vraie ou non, la tradition est vraisemblable. C'est à genoux que ces peintures paraissent avoir été faites ; et, si calme au premier abord que soit l'exécution, si réservés que se montrent l'expression et le style, le tout a je ne sais quoi de pénétrant et d'agité qui vibre comme l'accent de la passion, comme le cri sorti du cœur.

Le pape Eugène IV, qui, lors du concile tenu à Florence, s'était arrêté deux jours au couvent de San-Marco, voulût que le Vatican s'enrichit des merveilles du pinceau qu'il avait admiré, et il appela à Rome fra Angelico en le chargeant de décorer de fresques sa chapelle particulière. L'artiste quitta aussitôt ces murs qu'il avait illustrés et que, cinquante ans plus tard, fra Bartolommeo acheva de consacrer par de nouveaux chefs-d'œuvre ; il dit adieu à saint Antonio, à ses frères qu'il ne devait plus revoir, et se rendit aux ordres du souverain pontife. À peine arrivé à Rome, il se mit au travail, et afin d'en abréger la durée ; il employa pour la première fois le secours d'une main étrangère. L'habileté de la sienne n'avait pas faibli cependant ; mais il fallait complaire aux désirs impatiens d'Eugène IV, pressé de jouir d'une œuvre dont il ne lui fut pas donné d'ailleurs de voir l'achèvement. Ce fut donc avec l'aide de son élève Benozzo Gozzoli que fra Angelico peignit cette suite de sujets tirés de la vie de saint Laurent et de la vie de saint Étienne qui ornent la chapelle dite de Nicolas V, parce qu'elle ne fut terminée que sous le pontificat de celui-ci.

Cette chapelle est voisine des fameuses *stanze* où Raphaël apparaît dans l'éclat de sa puissance et de sa gloire, et que tout voyageur s'empresse de visiter à l'exclusion de ce qui les entoure. Il n'est pas juste pourtant que ces peintures du plus célèbre des maîtres en fassent négliger d'autres plus modestes, mais dignes aussi d'attention et d'étude. D'ailleurs sacrifier absolument fra Angelico à Raphaël, c'est se montrer plus dédaigneux que Raphaël lui-même, puisqu'il lui arriva plus d'une fois d'emprunter des inspirations au peintre de San-Marco, emprunts soigneusement dissimulés, il faut le dire, et que le grand artiste ne tentait qu'avec une réserve prudente. En butinant quelque peu dans les œuvres de fra Angelico, Raphaël n'a jamais osé aller jusqu'à ces larcins manifestes qu'il a

Section II

commis envers d'autres peintres moins capables de se défendre ; il savait trop bien que contrairement à la morale sociale qui réprouve un larron avec moins de rigueur qu'un meurtrier, il faut dans les beaux-arts ôter la vie aux gens qu'on vole.

Fra Angelico avait apporté à l'exécution des travaux commandés par le pape une telle assiduité, qu'il n'avait pas voulu les interrompre même pendant la saison des fièvres auxquelles on est plus exposé au Vatican que dans tout autre quartier de la ville. Sa santé, profondément altérée par cette application excessive, exigeait qu'il allât chercher sinon du repos, au moins un air plus pur, et, après la mort d'Eugène IV, il se rendit à Orvieto pour peindre une chapelle dans la magnifique cathédrale que tous les artistes éminents étaient alors appelés à décorer. Fra Angelico d'ailleurs, en restant à. Rome, eût-il été sûr de retrouver chez le successeur d'Eugène IV la protection toute particulière dont l'avait honoré celui-ci ? Le nouveau pontife, il est vrai, se nommait Nicolas V, et les peintres, comme les savants et les poètes, devaient être, on le sait, les bienvenus auprès de ce Léon X du XVe siècle ; mais le protégé du dernier pape pouvait croire que le temps de la faveur était passé pour lui, tant cette faveur avait été éclatante et diversement signalée. Eugène IV en effet ne s'était pas contenté de témoigner une estime sans réserve pour les talents du peintre : celle que lui inspiraient les vertus du religieux s'était traduite en plus d'une occasion par des actes non moins significatifs. Un jour même, dit-on, le souverain pontife songea à revêtir de la dignité d'archevêque de Florence, l'artiste dominicain, et celui-ci, détournant sur l'un de ses frères les effets de cette haute bienveillance, obtint à force d'instances que saint Antonin fût appelé à ce siège que lui-même ne se jugeait pas digne d'occuper.[1]

Pendant le court séjour que fra Angelico fit à Orvieto, il peignit à fresque quelques compartiments dans les voûtes de la chapelle dont les murs furent un peu plus tard décorés par Luca Signorelli. Rappelé à Rome par Nicolas V, il termina ses travaux du Vatican,

---

1 Le père Marchese, sans nier ouvertement ce fait, le regarde comme douteux, en dépit des affirmations de Vasari. Ce qui reste certain, c'est que la préposition, si elle fut faite, vint d'Eugène IV, et non, comme le dit Vasari, de Nicolas V. le simple rapprochement des dates prouve l'erreur de l'historien. Saint Antonin devint archevêque de Florence en 1446, par conséquent sous le pontificat d'Eugène IV, Nicolas V n'ayant été élu qu'en 1447.

en entreprit d'autres dans une partie du palais qui n'existe plus aujourd'hui ; puis, usé par les fatigues et la maladie. il languit quelques mois et mourut, à l'âge de soixante-huit ans, au couvent des dominicains de Santa-Maria-della-Minerva. Il n'avait formé que peu d'élèves, et deux seulement semblent avoir cherché à perpétuer sa manière, si tant est qu'on puisse appeler manière ce qui fut chez lui l'expression presque involontaire du sentiment. L'un, Benozzo Gozzoli, aida de ses conseils Léonard de Vinci et dut lui transmettre, outre ses propres enseignements, les enseignements qu'il avait reçus : en sorte que rattaché par une tradition de suavité et de grâce au peintre de San-Marco, l'immortel auteur du *Cénacle* ajoute une nouvelle gloire au nom de celui qui se trouve ainsi son maître par-delà le tombeau ; l'autre, Gentile da Fabriano, travailla longtemps à Florence, à Rome et à Venise, où il donna des leçons à Jacopo Bellini, père et maître de Jean. Celui-ci eut à son tour pour élèves Giorgione et Titien. On peut donc dire que l'école vénitienne, bien qu'elle démente singulièrement son origine par le caractère de ses œuvres, procède en ligne directe de fra Angelico.

Section III

La gloire qui avait environné fra Angelico sembla d'abord devoir lui survivre. Elle reçut même une consécration nouvelle du titre de *beato* qu'on ajouta à ce nom vénéré ; toutefois quelques années s'étaient écoulées à peine que l'on commençait à ne garder du *bienheureux* d'autre souvenir que celui de ses vertus. Un vain l'épitaphe de Santa-Marin-della-Minerva célébrait son génie en le comparant, assez malencontreusement il est vrai, au génie d'Apelles ; dès la fin du XVe siècle, on en était venu à dédaigner presque les tableaux qui avaient inspiré ces éloges. Un peintre-poète, doublement médiocre du reste, mais qui eut le bonheur d'être le père de Raphaël, Giovanni Sanzi, dans son panégyrique de Frédéric, duc d'Urbin, qualifie simplement de « religieux ardent au bien » l'artiste éminent que vingt ans auparavant un autre poète n'hésitait pas à rapprocher de Cimabue et de Giotto.[1] Puis, lorsque parurent

---

1 Domenico da Corella, dans son poème héroïque *de Origine urbis Florentiæ* :
Angelicus pictor...
Nomine non Iollo, non Cimabue minor.

les grands peintres du XVIe siècle, l'attention publique acheva de se détourner des maîtres de l'ancienne école. Les brillantes nouveautés qui venaient de se produire devinrent la proie d'une foule d'imitateurs qui travaillèrent à exagérer dans leurs pédantesques copies les formes du style inauguré par Michel-Ange, à substituer partout l'affectation au naturel, l'étalage du procédé à l'expression du sentiment et le faste de la manière à l'élévation de la pensée. À cette époque moins que jamais, fra Angelico devait trouver des admirateurs ; il en rencontra un pourtant parmi les plus effrontés apôtres de cet art matérialiste. Vasari, oubliant que sa plume démentait ici son pinceau, se prit de zèle pour la simplicité et la grâce personnifiées en fra Angelico, « talent merveilleux, écrivait-il, et qu'on n'a jamais assez loué ; » après quoi le biographe retournait à ses tableaux et continuait de tout son cœur à populariser le faux goût. Il y réussit mieux qu'à remettre en honneur les fresques de San-Marco et les autres peintures du doux maître.

À partir du xviie siècle, ces beaux ouvrages tombèrent dans un discrédit si complet, que beaucoup d'entre eux furent altérés sans scrupule par ceux-là mêmes qui auraient du les conserver avec le plus de respect. Ainsi, dans ce couvent de Florence où Fra Angelico avait entassé ses chefs-d'œuvre, on laissait s'anéantir ou l'on profanait ces précieuses reliques. Pourquoi, soit dit en passant, le père Marchese, après avoir si justement déploré les mutilations qu'a subies la fresque de la salle du chapitre au temps de l'occupation française, n'accuse-t-il pas aussi le badigeon qui, à une autre époque, a envahi la partie inférieure de *la Transfiguration*, et le fâcheux pinceau auquel on a livré, pour les rajeunir, dix ou douze autres fresques des cellules. Avant d'être insulté par les Vandales du dehors, fra Angelico, il faut en convenir, n'avait guère été mieux traité par ses compatriotes ; l'auteur des *Mémoires* oublie un peu trop de signaler ce fait. Quand il mentionne, par exemple, certain projet de champ de manœuvre imaginé par quelques officiers français et tendant à raser le couvent de San-Marco, il se rit fort de l'ignorance « des barbares venus pour civiliser l'Italie. » Rien de mieux ; mais était-il moins *barbare*, ce Paul III qui, au lieu de s'en tenir à l'intention, détruisait, au Vatican, toute une chapelle peinte par fra Angelico et la remplaçait par un escalier ? Enfin a-t-on fort bonne grâce, à se montrer si sévère lorsqu'on est soi-même si peu à l'abri des reproches, lorsqu'on a devancé l'étranger dans la voie de l'injustice et qu'on a tant tardé à le suivre dans celle des réparations ? Qui sait même ? Sans les exemples donnés par l'Allemagne et par la France, peut-être l'indifférence pour fra Angelico et les maîtres de l'école primitive durerait-elle encore en Italie. Il est certain du moins que les Italiens ont été les derniers à proclamer leur admiration pour ces nobles maîtres, et si le mouvement qui s'opère aujourd'hui en Toscane dans l'art et dans la critique a le mérite de l'à-propos, à coup sûr on ne lui reconnaîtra pas le caractère dune révolution spontanée.

Au surplus est-ce bien d'une révolution qu'il s'agit, et ce mouvement, si faible encore, doit-il aboutir à une régénération complète de l'école ? Il faut souhaiter qu'à Florence artistes et écrivains secouent résolument le triste joug qu'ils acceptaient naguère ; mais jusqu'à présent on peut craindre qu'il n'y ait au fond de leurs tentatives une arrière-pensée d'éclectisme favorable en même temps aux fausses doctrines de l'art moderne et aux principes de l'art ancien. Or on ne peut servir à la fois les dieux de MM. Benvenuti et Sabatelli et le dieu de fra Angelico ; on ne saurait promener son admiration des maîtres du XVe siècle à M. Bezzuoli sans perdre, chemin faisant, tout sentiment du juste. Le tort des nouveaux réformateurs est leur timidité. Ils commencent à renaître à la vraie foi, mais ils n'osent pas encore lancer l'anathème, et pourtant si jamais erreurs durent être hautement condamnées, ce sont celles qui ont régi l'art toscan depuis le commencement du siècle et relégué presque au dernier rang l'école qui remplissait autrefois le monde de sa gloire.

À Munich, à Paris et plus récemment à Londres, les peintres qui ont pris pour modèles les maîtres italiens primitifs, et particulièrement fra Angelico, se sont, nous l'avons dit, abandonnés sans réserve à leur zèle de réaction, et tout d'abord l'imitation absolue de la vieille manière florentine a été érigée par eux en système : système dangereux, puisqu'il tend à remplacer l'inspiration personnelle par des inspirations de seconde main, la naïveté sincère par l'affectation de la naïveté et le sentiment par l'archéologie, mais qui du moins a cela de bon, qu'on ne peut se méprendre sur le sens et la portée de l'entreprise. À Florence, la réaction en est encore à l'état de symptôme et ne s'est manifestée que dans quelques ouvrages où l'on reconnaîtrait plus de bonne volonté que de détermination, des aspirations plutôt que des principes. Ceux des peintres qui seraient le plus tentés de rompre avec la tradition moderne semblent s'effrayer de leur révolte et ne viser à rien de plus qu'à une sorte de compromis entre le style académique et le style des œuvres du XVe siècle.

On peut voir un spécimen de cette manière ambiguë dans les tableaux peints par M. Louis Mussini, directeur actuel de l'académie de Sienne. Le talent de M. Mussini est sérieux, bien intentionné, sans nul doute, et beaucoup plus digne d'estime que la chétive habileté des *professori* florentins ; mais, tout en procédant des exemples des anciens maîtres, ce talent n'accuse pas très franchement son origine. Si l'on prétend remettre en honneur ces exemples, si longtemps méconnus, il faudrait d'abord les suivre soi-même sans tergiversation, sans scrupule, et ne pas renier en partie les croyances qu'on veut inspirer aux autres. Nous ne demandons ni à M. Mussini, ni à ceux de ses compatriotes qui cherchent, comme lui, à restaurer le culte des vieux chefs-d'œuvre, nous ne demandons à personne de peindre des pastiches : tâche peu honorante pour les copistes et le plus souvent désavantageuse aux modèles. Nous voudrions seulement que les nouveaux convertis avouassent plus courageusement leur foi, et qu'ils ne s'en tinssent pas à des velléités de réforme, à des témoignages douteux de leur aversion pour le mal et de leur ardeur pour le bien. Un chef qui saurait persuader ces esprits un peu indécis et les rassurer en se compromettant le premier achèverait de déterminer et activerait bientôt le mouvement qui s'opère à demi dans l'école toscane ; malheureusement ce chef n'a pas surgi encore, et les jeunes peintres, ne trouvant pas à s'abriter sous une autorité puissante, se contentent de tâter l'opinion, au lieu de la conquérir et de la maîtriser. Parmi les sculpteurs du moins, un homme existait, il y a quelques années, autour de qui pouvaient se grouper les talents nourris de principes étrangers au classicisme contemporain. Bartolini, grâce à la haute situation qu'il avait su se faire, était en mesure d'encourager et de diriger vers un même but les tentatives isolées ; aujourd'hui encore le statuaire siennois, M. Dupré, quoique très inférieur à Bartolini, aurait jusqu'à un certain point le droit de prendre cette attitude de maître ; mais en peinture, qu'y a-t-il eu et qu'y a-t-il ? Le seul peintre qui ne craigne pas de refuser toute concession aux exigences académiques, le seul qui se propose ouvertement de renouer la tradition de fra Angelico, M. Marini, produit trop peu pour que ses travaux aient sur la marche de l'école une action décisive, et, il faut le dire aussi, la science n'est pas toujours chez lui au niveau des intentions. Plus convaincu qu'aucun de ses compatriotes, il n'a pas sur eux une grande supériorité de talent, et bien que les *madones* qu'il a peintes attestent un sentiment pur, un respect profond pour les conditions spiritualistes de l'art, elles trahissent trop souvent l'insuffisance de la pratique et l'irrésolution de la main. La place que M. Mussini n'a pas prise encore, faute de décision et de principes très fixes, M. Marini l'occuperait. Si l'habileté de son pinceau égalait le radicalisme de ses opinions ; diversement incomplets l'un et l'autre, ces deux artistes ne peuvent aspirer au rôle de réformateurs souverains. Ils participent avec honneur à la réaction commencée, ils contribueront peut-être à son succès, mais ils ne semblent pas appelés à exercer sur l'art une influence principale et à le régénérer par la seule puissance de leur initiative.

On peut donc dire que l'école de peinture en Toscane est seulement disposée à entrer dans une voie meilleure. En dépit de quelques essais relativement hardis, elle attend que le goût général l'autorise à étudier de plus près les œuvres de fra Angelico et l'art au XVe siècle ; jusqu'à présent, elle n'a voué à ces œuvres qu'une admiration assez timide et un amour un peu distrait. L'école de gravure au contraire n'hésite pas à concentrer sur elles toute son attention, et reproduit, de préférence à tout autre modèle, des tableaux qui, il y a quelques années à peine, paraissaient indignes d'occuper le burin. Raphaël, qui n'avait cessé à aucune époque d'inspirer les graveurs, Raphaël lui-même semble dépossédé de ses privilèges, ou, si l'on songe encore à transporter sur le cuivre quelques-unes de ses compositions, on choisit celles qui, par le fond des tendances et par le style, rappellent le plus directement la manière des peintres primitifs : *la Vierge au Chardonneret* par exemple, récemment gravée par M. Nocchi, et la fresque de Sant'Onofrio, si opportunément retrouvée aux premiers jours de la réaction, si bien faite pour servir du même coup la gloire du grand artiste et la cause de ses aïeux. La planche a laquelle travaillait M. Jesi et que la mort de cet habile graveur vient de laisser inachevée, devait clore dignement la série des estampes d'après les maîtres du XVe siècle. Elle eût été la conclusion et le couronnement d'une œuvre dont la *Galerie de l'académie* est en quelque sorte la préface et le *Couvent de San-Marco* le début : début qu'il faut encourager parce que, malgré certaines imperfections assez graves, il ouvre à l'art du burin une route nouvelle et l'isole des influences matérialistes qu'il subissait depuis Morghen. Certes il serait malaisé, en traduisant fra Angelico, de se laisser aller aux séductions de la *manœuvre*, de trouver dans ces contours si subtilement tracés, dans ce modelé si délicat, un prétexte suffisant pour entrecroiser des tailles énergiques ou faire montre de *beau grain*. Ici, tout ce qui tendrait à accuser le procédé doit être au contraire écarté avec un soin scrupuleux. Le travail aura le caractère d'un dessin sur cuivre plutôt que le caractère d'une gravure, à proprement parler ; mais, si simple en apparence que soit une pareille tâche, il faut pour la remplir allier à la sûreté du goût l'extrême finesse du sentiment, et savoir s'abstenir, dans l'exécution, d'une curiosité minutieuse aussi bien que d'un mode d'interprétation trop large. Les planches qui accompagnent le texte du père Marchese satisfont-elles à toutes ces conditions ? Nous ne le pensons pas, et pourtant, eu égard à la difficulté de l'entreprise, elles méritent des éloges sérieux.

Les fresques de San-Marco, telles qu'on les retrouve dans les pièces gravées par MM. Livy, Chiossone et autres élèves ou collaborateurs de M. Perfetti, ont perdu sans doute beaucoup de leur beauté intime : elles ne permettent de saisir que la partie pour ainsi dire extérieure du génie de fra Angelico, et ne révèlent pas tous les secrets de son âme ; mais peut-on exiger des lentes évolutions d'un instrument rebelle le jeu libre et l'allure rapide du pinceau ? Peut-on surtout demander à une œuvre de seconde main de nous rendre au vif l'émotion ressentie par l'auteur de l'œuvre originale, et n'est-ce pas quelque chose que d'avoir reproduit sans altération fort sensible la physionomie générale et les formes de celle-ci ? Les estampes d'après les fresques de San-Marco ont au moins ce mérite de fidélité matérielle. Les artistes qui les ont gravées, quelques autres encore ; au premier rang desquels il convient de citer M. Buonajuti, semblent vouloir prendre pour objet à peu près unique de leurs travaux les tableaux de fra Angelico : dans l'intérêt de leur talent comme dans l'intérêt du maître et de l'art lui-même, il faut désirer qu'ils ne renoncent pas à ce projet. À mesure que l'étude des modèles qu'ils ont choisis leur deviendra plus familière, ils ajouteront à l'habileté qu'ils possèdent déjà un instinct plus pénétrant du sens secret de ces modèles ; ils populariseront, au grand profit de tous, des ouvrages trop peu connus jusqu'ici et de nobles enseignements.

Si les peintures de fra Angelico retrouvent en effet la popularité qui leur est due, la gravure aura puissamment contribué à ce progrès du goût, mais les écrits du père Marchese y auront eu aussi une part considérable. L'auteur des *Mémoires* et du *Couvent de San-Marco* n'a pas seulement voulu rassembler quelques documents authentiques et faire justice, preuves en main, des erreurs où étaient tombés les biographes de fra Angelico ; il a cherché encore à déterminer les traits principaux et les qualités essentielles de ce chaste génie. On doit regretter, nous l'avons dit, qu'il n'ait pas accompli jusqu'au bout cette seconde partie de sa tâche, et qu'il ait été parfois beaucoup trop succinct dans ses aperçus ; il faut reconnaître néanmoins qu'en rapportant les faits il ne s'est pas toujours interdit les considérations générales, ou les appréciations de détail. Cette méthode d'exposition mérite d'être signalée, parce qu'elle est à peu près contraire à la méthode suivie jusqu'ici par les compatriotes du père Marchese. Chose étrange en effet, les Italiens, qui ne pèchent pas d'ordinaire par excès de réserve dans l'expression de leurs sentiments et par le laconisme du style, semblent se départir complètement de leurs habitudes quand ils écrivent sur l'histoire de l'art. On dirait qu'ils craignent d'émettre leur opinion, et que, au lieu de définir les divers caractères du talent, ils se proposent seulement de cataloguer des œuvres.

Les écrits du père Marchese laissent voir une ambition plus haute, et l'on ne peut qu'applaudir à cette tendance nouvelle, à ces efforts pour éclairer le récit des lumières de la critique : efforts réels, quoique timides encore, et non sans influence peut-être sur la marche de l'école, mais qui auraient eu une utilité plus positive, si l'auteur avait ouvertement rattaché au temps présent l'étude qu'il a faite sur le passé. On devine l'intention secrète du père Marchese sous la réserve de son langage. Il est permis de supposer que cet hommage à la mémoire d'un grand peintre est aussi une forme de critique à l'adresse des peintres contemporains, mais pourquoi laisser seulement pressentir ce qu'il importait de dire en termes précis dans l'intérêt de tous ? pourquoi ces conseils détournés et ces encouragements indirects ? N'y avait-il pas une conclusion à tirer de l'analyse des travaux de fra Angelico ? En traitant de cette gloire que trois siècles d'oubli n'ont pu détruire et qui renaît aujourd'hui plus radieuse que jamais, n'était-il pas à propos de nous rappeler que si les formes de l'art peuvent et doivent varier en raison des idées, des institutions et des mœurs de chaque époque, les principes et le fond même de l'art sont immuables ? Ni les turbulents succès des imitateurs de Michel-Ange, ni l'éclectisme des Carrache, ni les tentatives des *naturalisti*, ni les systèmes les plus absolus et les plus adoptés par la mode, n'ont réussi à changer les conditions de beauté et de durée dans les œuvres de la peinture : il n'y a que l'idéal qui les fasse vivre ; c'est à ce titre que les tableaux de fra Angelico subsistent, et qu'ils resteront pour les artistes des exemples immortels. Puisse-t-on à Florence achever de comprendre en quoi ces exemples obligent, puisse la vieille tradition florentine se réhabiliter dans l'esprit de tous, et le zèle de ceux qui essaient de la remettre en honneur ne pas demeurer infécond ! Si les écrits du père Marchese n'accusaient qu'une activité intellectuelle se rejetant en arrière pour se donner un objet, il n'y aurait lieu de voir dans de pareils travaux, quelque estimables qu'ils soient, qu'une tendance purement scientifique, sinon même un caprice d'érudit : on ne saurait compter beaucoup, dans l'intérêt de l'art moderne, sur les résultats de ce retour accidentel vers les choses d'autrefois ; mais comme ils semblent, à côté d'études spéculatives, révéler une arrière-pensée pratique, comme en outre la publication de ces ouvrages coïncide avec un mouvement de l'école pour sortir de l'ornière où elle se traîne depuis si longtemps, on a quelque droit d'espérer qu'ils seconderont l'espèce de renaissance qui se prépare, et qu'à défaut d'une réforme complète ils introduiront du moins dans les habitudes actuelles de l'art florentin une réforme partielle et un progrès.

ISBN : 978-1985354944

www.ingramcontent.com/pod-product-compliance
Lightning Source LLC
Chambersburg PA
CBHW070957220526
45471CB00007B/3068